BEI GRIN MACHT SICH IHR WISSEN BEZAHLT

- Wir veröffentlichen Ihre Hausarbeit, Bachelor- und Masterarbeit

- Ihr eigenes eBook und Buch - weltweit in allen wichtigen Shops

- Verdienen Sie an jedem Verkauf

Jetzt bei www.GRIN.com hochladen und kostenlos publizieren

GRIN

Schizophrenie, Emotionstheorien und Emotionale Intelligenz

Xenia Rosewood

Bibliografische Information der Deutschen Nationalbibliothek:

Die Deutsche Nationalbibliothek verzeichnet diese Publikation in der Deutschen Nationalbibliografie; detaillierte bibliografische Daten sind im Internet über http://dnb.d-nb.de abrufbar.

ISBN: 9783346890801
Dieses Buch ist auch als E-Book erhältlich.

© GRIN Publishing GmbH
Trappentreustraße 1
80339 München

Alle Rechte vorbehalten

Druck und Bindung: Books on Demand GmbH, Norderstedt Germany
Gedruckt auf säurefreiem Papier aus verantwortungsvollen Quellen

Das vorliegende Werk wurde sorgfältig erarbeitet. Dennoch übernehmen Autoren und Verlag für die Richtigkeit von Angaben, Hinweisen, Links und Ratschlägen sowie eventuelle Druckfehler keine Haftung.

Das Buch bei GRIN: https://www.grin.com/document/1363299

SRH Fernschule – The mobile University

Fachbereich 4 – Soziale Arbeit und Gesundheit

Studiengang Psychologie (B.Sc.)

Einsendeaufgabe

Modul: Allgemeine Psychologie 2

Kürzel: BAPSY2

Alternative A

Eingereicht am:

01.02.2020

Inhaltsverzeichnis

1. Schizophrenie

1.1 Definitionsversuche

Schizophrenie beschreibt eine psychische Störung mit tiefgreifenden Veränderungen im Erleben und Verhalten der Betroffenen und umfasst eine Vielzahl sehr unterschiedlicher möglicher Symptome. Allerdings tritt jedoch keines der Symptome bei allen Betroffenen auf. Somit gibt es keine einheitliche emotionale Symptomatik. Es wurde eine Einteilung der charakteristischen Symptome der Schizophrenie in Positivsymptomatik (zum Erleben und Verhalten kommt etwas hinzu) und Negativsymptomatik (Erleben und Verhalten wird eingeschränkt) vorgenommen. Als positive Symptome sieht man unter anderem Wahn, Halluzinationen und Ich- Störungen. Negative Symptome hingegen sind beispielsweise desorganisiertes Denken und Sprechen, psychomotorische Störungen sowie Affektstörungen[1].

Einen anderen Definitionsversuch haben Watzl und Cohen versucht. Sie verstehen unter dem Begriff Schizophrenie „eine sehr heterogene Gruppe an Störungen, deren Gemeinsamkeit in einem dramatischen Abfall des psychosozialen Funktionsniveaus (Schule, Beruf, Freundschaften, Selbstversorgung) im frühen oder mittleren Erwachsenenalter liegt, ohne dass dafür gravierende Ursachen erkennbar wären"[2].

1.2 ICD-10 Diagnosekriterien: F20 Schizophrenie

Gemäß ICD-10 sind für die Diagnose „Schizophrenie" mindestens ein oder mehrere Symptome erforderlich: und zwar mindestens ein eindeutiges Symptom aus den in Tabelle 1 genannten Gruppen 1-4 oder mindestens 2 Symptome der Gruppen 5-8. Diese Symptome müssen fast ständig während eines Monats vorhanden sein.

Gruppe eindeutige Symptome:

1 Gedankenlautwerden, Gedankeneingebung, Gedankenentzug, Gedankenausbreitung

2 Kontrollwahn, Beeinflussungswahn, Gefühl des Gemachten bzgl. Körperbewegung, Gedanken, Tätigkeiten oder Empfindungen, Wahnwahrnehmungen

3 kommentierte oder dialogische Stimmen

---

[1] Vgl. Caspar, Pjanic, Westermann (2018), S. 83
[2] Vgl. Watzl und Cohen (1998), S. 819

4 völlig unrealistischer Wahn

Gruppe nichteindeutige Symptome:

5 anhaltende Halluzination jeder Sinnesmodalität

6 Zerfahrenheit durch Gedankenabreißen, Einschiebungen in den Gedankenfluss

oder Neologismen

7 katatone Symptome wie Erregung, Haltungsstereotypien, Negativismus oder

Stupor

8 Negativsymtome wie: Apathie, Sprachverarmung, verflachte oder inadäquate Affekte[3]

1.2.1 Schizotype Störung (F21)

Gemäß ICD-1- handelt es sich bei der schizotypen Störung, im weiteren Sinne, um eine Persönlichkeitsstörung, bei der die Betroffenen ein exzentrisches Verhalten mit paranoid bizarren Ideen und Anomalien des Denkens zeigen, die schizophren wirken, obwohl nie eindeutige und charakteristische schizophrene Symptome aufgetreten sind.

Typisch sind ein verminderter Affekt, ein im Vergleich zur Gesellschaftsnorm seltsames Verhalten und sozialer Rückzug. Es kommt in regelmäßigen Abständen zu psychose-ähnlichen Episoden, mit paranoischen oder bizarren Ideen und akustischen Halluzinationen, meist ohne äußere Veranlassung. Es lässt sich kein klarer Beginn feststellen; Entwicklung und Verlauf entsprechen gewöhnlich einer Persönlichkeitsstörung[4].

1.2.2 Wahnhafte Störung (F22)

Eine Störung charakterisiert durch die Entwicklung eines einzelnen Wahns oder mehrerer aufeinander bezogener Wahninhalte, die im lange, manchmal lebenslang, andauern. Dieser langandauernde Wahn ist als einziges oder deutlich im Vordergrund stehendes Symptom gekennzeichnet, wobei die ICD-10-Kriterien einer paranoiden Schizophrenie oder einer anderen Diagnose mit wahnhafter Komponente nicht erfüllt sind. Der Inhalt des Wahns oder des

---

[3] Vgl. Kühmel (2007), S. 3

[4] Vgl. ICD-10-GM (Version 2013)

Wahnsystems ist sehr unterschiedlich. Die Symptome müssen über mindestens drei Monate vorliegen[5].

1.3 Krankheitsbild

Im Mittelpunkt der schizophrenen Krankheitsbilder steht die Störung der Denkfunktionen. Das Denken erscheint zerrissen, gespalten und spiegelt scheinbar das Seelenleben mehrerer gegensätzlich denkender und handelnder Persönlichkeiten wider. Bei den schizophrenen Psychosen tritt das *Chaotische*, das *Unverständliche* im Verhalten des Kranken in den Vordergrund des Krankheitsbildes. Die verschiedensten Wahnerlebnisse, die stets auftretenden schizophrenen Denkstörungen, die Halluzinationen und das Stimmenhören, werden von gesunden Menschen, häufig als einer fremden Welt zugehörig und damit vorwiegend als unheimlich empfunden[6].

Häufig verändert sich die Sprache: Sie wird umständlich, pathetisch oder bizarr, durchsetzt mit stereotypen Wiederholungen und Wortneubildungen. Schizophrene leiden häufig unter Angstgefühlen und fühlen sich bedroht und verfolgt. Zudem leidet fast jeder Schizophrene unter Wahnerscheinungen in irgendeiner Form. Neben dem Verfolgungswahn sind typische Wahnerscheinungen der Größenwahn, Eifersuchtswahn und Vergiftungswahn.

Außerdem ist das Krankheitsbild häufig von Ich-Störungen geprägt. Die Betroffenen erleben, dass ihnen fremde Personen Gedanken geben und diese dann ihre Handlungen beeinflussen. Umgekehrt kommt es auch teilweise zu einem Gedankenentzug und sie empfinden, dass ihre Gedanken, von einer dritten Person, weggenommen werden[7].

Zum schizophrenen Krankheitsbild gehören auch Sinnestäuschungen wie Halluzinationen. Am häufigsten sind akustische Halluzinationen (das Stimmenhören). Diese Stimmen können unterschiedlichen Charakter haben. Manche Betroffenen hören schimpfen, singen, kommentieren oder schreien. Die Stimmen sind oft Stimmen von Angehörigen, Bekannten, bekannten Persönlichkeiten oder auch von höheren Mächten. Teilweise kommen auch optische Halluzinationen sowie Geruchs- und Geschmackshalluzinationen vor.

---

[5] Vgl. ICD-10-GM (Version 2013)

[6] Vgl. Beise, Heimes, Schwarz (2009), S. 223
[7] Vgl. Beise, Heimes, Schwarz (2009), S. 223

Viele Betroffenen leiden auch unter Affektivitätsstörungen. Es besteht ein Missverhältnis zwischen ihren Ängsten und ihrer Reaktion. Sie erzählen beispielsweise grausame Dinge mit gleichgültigem Gesicht, dies ist eine Armut der Erlebnisfähigkeit.

1.4 Epidemiologie, Verlauf und Ätiologie

Die Erkrankung an Schizophrenie ist über Länder und Kulturen hinweg stabil. Etwa einer von 100 Menschen erkrankt daran. Männer und Frauen sind gleich häufig betroffen, wobei Männer ein früheres Erkrankungsalter (20–25 Jahre) als Frauen (25– 30 Jahre) aufweisen. Der Verlauf einer einzelnen Episode einer Schizophrenie beginnt häufig mit einer sogenannten *Prodromalphase*. Diese Phase kann mehrere Jahre oder nur kurz andauern und zeichnet sich durch Symptome wie sozialem Rückzug oder Kommunikationsschwierigkeiten aus. Die *akute* oder *floride* Phase ist meist durch positive Symptome (z. B. Stimmenhören) gekennzeichnet und geht typischerweise in eine *Residualphase* mit vorherrschender Negativsymptomatik über (z. B. flacher Affekt). Der Langzeitverlauf einer Schizophrenie kann sehr unterschiedliche Ausprägungen annehmen[8]. Die genaue Ursache der Schizophrenie ist bisher ungeklärt. Die verschiedenen Erkenntnisse und Erklärungsansätze werden heute oft in dem sogenannten Vulnerabilitäts-Stress-Modell zusammengefasst[9]. Dieses besagt, dass erblich bedingte Faktoren und geringfügige Hirnschädigungen sowie psychosoziale Einflüsse zur Schizophrenie disponieren. Belastende Lebensereignisse oder Drogenkonsum können dann als Auslöser dienen. Umwelteinflüsse werden meist nur dann wirksam, wenn sie auf eine genetische Veranlagung treffen. Leider lässt sich die Vulnerabilität nicht messen. Wenn ein erstgradig Verwandter jedoch erkrankt ist, kann von einem erhöhten Erkrankungsrisiko, d. h., erhöhter Vulnerabilität ausgegangen werden[10]. Umgekehrt sind allerdings auch genetische Risiken nur von Bedeutung, wenn entsprechende Umwelteinflüsse

auf den Disponierten einwirken[11]. Es gibt auch biochemische Erklärungsmodelle zur Ätiopathogenese. Diese leiten sich von der Beobachtung ab, dass Neuroleptika, die zur Therapie eingesetzt werden, die Dopaminrezeptoren blockieren. Eine dopaminerge Dysregulation scheint ein Faktor in der Krankheitsentstehung zu sein.

---

[8] Vgl. Caspar, Pjanic, Westermann (2018), S. 86
[9] Vgl. Beise, Heimes, Schwarz (2009), S. 222
[10] Vgl. Prölß, Schnell, Koch (2019) S. 23
[11] Vgl. Beise, Heimes, Schwarz (2009), S. 222

Zusammenfassend lässt sich also sagen, dass die Schizophrenie sich auf organische, soziale und psychische Faktoren zurückführen lässt, sowohl Männer als auch Frauen gleichermaßen betrifft und meist im frühen Erwachsenenalter entsteht.

1.5 Behandlung

Die Prognose der Schizophrenie hängt entscheidend davon ab, ob Betroffene sich zu einer Behandlung bereit erklären und regelmäßig ihre verschriebenen Medikamente einnehmen. Da die Medikamente im Gehirn Botenstoffe wie Dopamin beeinflussen, haben sie Nebenwirkungen. Besonders schlecht toleriert werden Nebenwirkungen wie Gewichtszunahme und sexuelle Funktionsstörungen[12].

Die drei Ebenen des bio-psycho-sozialen Modells (der Ätiologie) der Schizophrenie stellen gleichzeitig die Ansatzpunkte für Behandlungsmöglichkeiten dar. Die biologisch medizinische Ebene beinhaltet die medikamentöse Therapie sowie die Elektrokrampftherapie. Die psychologische Ebene umfasst Psychotherapie wie beispielsweise die kognitive Verhaltenstherapie der Schizophrenie sowie psychologische Trainings.

Als Basistherapie, im Krankenhaus, schizophrener Patienten gelten differenzierte Ergotherapie und Arbeitstherapie, regelmäßige Physiotherapie und Sport, Bildungsangebote und Freizeitgestaltung, Pharmakotherapie und Psychotherapie[13]. Zudem kann die Familientherapie eingesetzt werden zwischen der psychologischer und der sozialen Ebene. Zuletzt ist es wichtig, dass bei Psychosen der Konsum von Alkohol und Drogen beendet wird, da dieser negativ auf die Wirksamkeit der Medikamente wirkt.

1.6 Arbeitsmarkt

Wie man sich sicherlich vorstellen kann ist es nicht einfach für eine Person mit Schizophrenie auf dem Arbeitsmarkt. Sowohl für den Betroffenen selbst als auch für die Mitarbeiter. Häufig wissen diese nicht, wie sie mit der Krankheit umgehen sollen und wie sie die betroffene Person unterstützen können. Wenn ein Mitarbeiter in eine psychische Krise gerät oder sich bei ihm langsam eine psychische Störung entwickelt, hat dies Auswirkungen auf sein Verhalten am Arbeitsplatz. Die Wahrnehmung und das Denken verändern sich (wie oben beschrieben) und sind sowohl für den Betroffenen als auch für Außenstehende oft nicht mehr verstehbar. Zudem

---

[12] Vgl. Prölß, Schnell, Koch (2019) S. 25
[13] Vgl. Tölle, Windgassen (2009), S. 222

treten Denkstörungen auf, Gedanken brechen plötzlich ab oder springen ohne erkennbaren Zusammenhang zu einem beliebigen Wort[14]. Die häufigste Form der Schizophrenie ist die paranoide Schizophrenie. Bei dieser Form der Schizophrenie stehen die eigenen personenbezogenen Wahnvorstellungen mit verfolgenden und beeinträchtigenden Inhalten im Vordergrund. Diese tragen dazu bei, dass die betroffene Person unter Furchtsamkeit und Misstrauen leidet. So denken die Erkrankten häufig, wenn die Kollegen miteinander sprechen, dass diese jetzt schlecht über sie sprechen oder dass sie etwas gegen sie haben. [15]. Es gibt allerdings durchaus Menschen, die mit diesem Störungsbild lange arbeitsfähig sind. Ein Ansatz, um das Leben in der Arbeitswelt für Erkrankte zu erleichtern ist das Betriebliche Eingliederungsmanagement, auch BEM genannt. Dieses gibt es schon seit über zehn Jahren. Es ist besonders wichtig, da psychische Störungen einen großen Teil der Arbeitsunfähigkeitszeiten begründen. Das BEM versucht Erkrankte mit gezielten Maßnahmen der Rehabilitation im Arbeitsleben halten zu können[16].

Wie vorher dargestellt ist das Betriebliche Eingliederungsmanagement bei Menschen nach psychischen Krisen, psychischer Fehlbelastung, Erschöpfungsdepressionen und anderen psychischen Störungen jedoch komplexer als bei anderen körperlichen Erkrankungen. Oft geht es bei dem BEM darum, eine neue Lösung am Arbeitsplatz zu finden: ein anderes Arbeitsverhalten, eine andere Einstellung zur Arbeit, die Bewältigung von Konflikten. Der Betroffene wird nach der Erkrankung meist nicht wieder ganz wie vorher werden aber das muss dann auch das Umfeld respektieren. Schließlich kann eine psychische Erkrankung Jeden treffen. Leider ist eine Wiedereingliederung nicht immer möglich, weshalb es auch andere Varianten gibt, psychisch Erkrankte in der Arbeitswelt zu unterstützen. So gibt es beispielsweise Behindertenwerkstätten.

1.6.1 Behindertenwerkstatt
Werkstätten sind gemeinnützige Dienstleister für Menschen, die nicht in den allgemeinen Arbeitsmarkt, wegen Art oder Schwere ihrer Behinderung, integriert werden können. Werkstätten stehen erwachsenen Menschen mit geistigen, psychischen und schweren körperlichen Behinderungen offen.

„Das Ziel der Werkstatt ist es, die individuelle Leistungsfähigkeit der Beschäftigten zu entwickeln, wiederzugewinnen und so zu erhöhen, dass sie entweder in der Werkstatt ein Mindestmaß an wirtschaftlich verwertbarer Arbeitsleistung erbringen oder sogar ins Erwerbsleben eingegliedert werden können"[17].

---

[14] Vgl. Riechert, Habib (2017), S. 37
[15] Vgl. Riechert, Habib (2017), S. 37
[16] Vgl. Riechert, Habib (2017), S. V
[17] Vgl. https://www.bagwfbm.de/page/41 (Stand: 27.01.2020)

Menschen, die Anspruch auf Werkstattförderung haben, bekommen eine zweijährige berufliche Förderung im Berufsbildungsbereich und nach Bedarf eine Beschäftigungsmöglichkeit angeboten. Die Betreuung erfolgt durch soziale Fachdienste wie Sozialpädagogen und Sozialarbeiter, Ergotherapeuten, Krankengymnasten, Psychologen und Ärzte.

Werkstätten sichern das Recht auf Arbeit, was einen riesen Unterschied für das Selbstvertrauen der Betroffenen macht. Denn vor allem aus der wertschaffenden Arbeit kann der Mensch Identifikation und Selbstbewusstsein entwickeln ein aktiver Umgang mit der Umwelt wird gefördert.

Der größte Unterschied zwischen der Eingliederung in einen normalen Betrieb und den einer Werkstatt liegt darin, dass Werkstätten keine Erwerbsbetriebe sind. Sie sind Einrichtungen zur beruflichen Rehabilitation, welche nicht Umsatz anstreben, sondern berufsfördernde, berufsbildende und solche Leistungen, die den behinderten Erwachsenen helfen, ihre Persönlichkeit zu entwickeln, bieten. Dies führt dazu, dass das wirtschaftliche Gesamtergebnis nicht so hoch ist, dass daraus existenzsichernde Arbeitsentgelte gezahlt werden können. So liegt beispielsweise das monatliche Arbeitsentgelt, im Bundesdurchschnitt, bei rund 180 Euro[18].

1.6.2 Vor- und Nachteile

Der größte Vorteil der Behindertenwerkstätten ist, dass es den Betroffenen ermöglicht wird, einer Beschäftigung nachzugehen. Sie sind trotzdem in den normalen Alltag eingegliedert und ihr Selbstvertrauen wird gestärkt. Allerdings gibt es auch viel Kritik an dieser Struktur.

Manche bezeichnen die Arbeit dort als eine Form der Leiharbeit. Da viele Arbeiter dort in gewisser Weise ausgebeutet werden, denn Werkstattbeschäftigte sind "Rehabilitanden" und bekommen deshalb nur ein Taschengeld. Zum anderen, weil nur jedem hundertsten der Sprung auf eine reguläre Stelle gelingt. Wer erst einmal in einer Behindertenwerkstatt angefangen hat, bleibt normalerweise sein Leben lang dort.

Selbst Johannes Köhn, Geschäftsführer der Hamburger Landesarbeitsgemeinschaft für behinderte Menschen, sagt: "Die Vermittlung auf den ersten Arbeitsmarkt stärker zu unterstützen, ist für die Werkstätten gar nicht attraktiv. Dadurch verlieren sie ja ihre besten Mitarbeiter und

---

[18] Vgl. https://www.bagwfbm.de/page/41 (Stand:27.01.2020)

schaffen ihre Stückzahlen nicht mehr. So wie die Werkstätten heute aufgestellt sind, fördern sie sicher nicht den Auftrag der Behindertenrechtskonvention[19]".

Zusammenfassend, stellt, meiner Meinung nach, die Beschäftigung in Behindertenwerkstätten für dieses Krankheitsbild eine mögliche geeignete Beschäftigungsform dar, wenn eine Eingliederung in den vorherigen Beruf nicht möglich ist.

2. Kausalmodelle zur Entstehung von Emotion

Emotionstheorien sind Ansätze zur Erklärung, was Emotionen sind, wodurch sie verursacht werden und wie sie sich auf das Verhalten von Lebewesen auswirken. Unter den Punkten 2.1-2.3 möchte ich vier Kausalmodelle zur Entstehung von Emotion genauer erläutern. Darauffolgend gehe ich auf das Stressmodell von Lazarus ein.

2.1   James- Langer-Theorie

Diese Theorie wurde fast zeitgleich von dem amerikanischen Psychologen William James (1884) und von dem dänischen Physiologen Carl Georg Lange (1887/2012) formuliert, wodurch sie ihren Namen *James-Lange-Theorie* erhielt.

Die James-Lange-Theorie der Emotionsentstehung beruht auf zwei Annahmen:

1. Ein emotionales Ereignis löst körperliche Veränderungen aus

(z. B. beschleunigter Herzschlag, Schwitzen).

2. Diese körperlichen Veränderungen werden von der Person als eine Emotion wahrgenommen.

In dieser Theorie werden Emotionen mit Empfindungen von spezifischen körperlichen Reaktionen gleichgesetzt. Diese Erläuterung besagt also, dass wir traurig sind, weil wir weinen und nicht, dass wir weinen, weil wir traurig sind[20]. Sie besagt also, dass Gefühle Begleiterscheinungen körperlicher Vorgänge seien.

Schon kurz nach der Veröffentlichung wurde diese Theorie heftig kritisiert, da vor allem die Existenz von emotionsspezifischen körperlichen Reaktionen angezweifelt wurde, was bis heute

---

[19]   Vgl. https://www.sueddeutsche.de/karriere/arbeiten-mit-handicap-verhindern-werkstaetten-fuer-behinderte-die-inklusion-1.3656556-2 (Stand: 27.01.2020)

[20] Vgl. Müsseler, Rieger (2017), S.205

noch nicht revidiert wurde. Allerdings wir die James-Langer-Theorie durch die Überprüfung von somatischen Markern und der Facial-Feedback-Hypothese[21].

2.2   Cannon-Bard-Theorie

Auf die James-Langer-Theorie folgend entwickelten Walter Cannon (amerikanischer Physiologe) und Philip Bard die *Cannon-Bard-Theorie*. Dies ist eine psychologische Theorie, nach der die physiologische Affektierung und die Emotion gleichzeitig entstehen. Anders als bei der älteren James-Lange-Theorie, nach der die emotionale Bewertung als Folge auf die körperlichen Reaktionen entsteht, findet nun also beides zeitgleich statt. Keine der beiden Reaktionen bedingt dabei die andere, sondern beide sind unabhängige Folgen auf einen wahrgenommenen Reiz. Laut dieser Theorie werden sensorische Signale vom Thalamus zeitgleich an den Cortex für eine emotionale Interpretation des Ereignisses und an den Hypothalamus für die Steuerung des vegetativen Nervensystems weitergeleitet[22].

Heute wissen wir, durch neue Erkenntnisse der neurowissenschaftlichen Forschung, dass sowohl die Annahmen von James und Langer als auch die von Cannon und Bard falsch sind. Was dazu geführt hat, dass beide Theorien aufgegeben wurden.

Einen nachhaltigen Einfluss auf die Emotionspsychologie hat Cannons Erforschung einer Kamp-oder-Flucht-Reaktion, die in Situationen der Bedrohung auftritt. Der Körper wird entweder in eine erhöhte Abwehr- oder Fluchtbereitschaft versetzt, durch Stresshormone, welche im Gehirn frei werden[23].

2.3   Schachter-Singer-Theorie

Die *Zwei-Faktoren-Theorie der Emotion* geht auf den US-amerikanischen Sozialpsychologen Stanley Schachter (1964) zurück. Sie geht davon aus, dass Gefühle als eine Funktion von physiologischer Erregung und einer kontextabhängig zu dieser Erregung passenden Kognition verstanden werden können.

---

[21] Vgl. Müsseler, Rieger (2017), S.205
[22] Vgl. Müsseler, Rieger (2017), S.205-206
[23] Vgl. Müsseler, Rieger (2017), 206

Nach der Zwei-Faktoren-Theorie von Stanley Schachter (1964) sind zwei Komponenten für die Entstehung einer Emotion notwendig[24]:

1. Die Person bemerkt eine physiologische Erregung (physiologische Komponente).

2. Sie erklärt sich ihre Erregung mit einer emotionalen Ursache (kognitive Komponente).

Laut Schachter bemerken wir zuerst körperliche Symptome wie zum Beispiel Schwitzen oder einen erhöhten Puls und dann versuchen wir die Ursache dafür ausfindig zu machen. In mehrdeutigen Situationen, wenn die situativen Hinweisreize unterschiedlich interpretiert werden können, besteht demnach eine gewisse Wahlfreiheit der Gefühle.

Im Jahre 1962 führten Schachter und Singer ein sozialpsychologisches Experiment durch. In dieser Studie sollte angeblich die Wirkung eines Vitaminpräparats, „Suproxin", getestet werden. Allerdings wurden tatsächlich einer Gruppe Adrenalin injiziert, welches erregungsähnliche Symptome hervorruft und einer anderen Gruppe wurde ein Placebopräparat, welches eine Kochsalzlösung war, verabreicht[25]. Zusätzlich wurden die Personen, denen Adrenalin verabreicht worden war, über mögliche „Nebenwirkungen" des Suproxins entweder korrekt (was im Falle von Adrenalin Herzrasen, Zittern, verstärkte Durchblutung etc. war), oder inkorrekt (Nebenwirkungen, die nicht von der Verabreichung des Adrenalins hätten entstehen können wie z. B. Juckreiz, Kopfschmerzen und Taubheitsgefühl) oder gar nicht aufgeklärt.

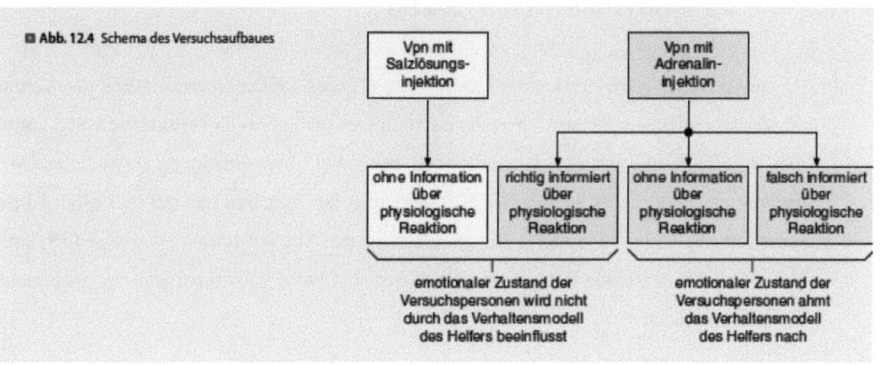

Abbildung 1

Anschließend wurden die Personen gebeten einen Fragebogen mit einer vermeintlich anderen Versuchsperson auszufüllen. Die zweite Person war allerdings in das Experiment eingeweiht

---

[24] Vgl. Müsseler, Rieger (2017), 206
[25] Vgl. Müsseler, Rieger (2017), S. 207

und deren Verhalten sollte das der anderen Person beeinflussen (durch beispielsweise Papierkugeln werfen). Das Verhalten der Versuchsperson wurde durch einen Einwegspiegel beobachtet und abschließend wurde die Versuchsperson nach ihrem Befinden befragt[26].

Schachters und Singers Hypothese ging davon aus, dass die inkorrekt und die gar nicht informierten Versuchspersonen eine Erklärung für die aus der Adrenalininjektion resultierende physiologische Erregung suchen würden, die in davon abhing, ob der Vertraute im Raum verärgert oder albern war, dementsprechend ausfallen müsste. Die korrekt informierten Probanden und die Kontrollgruppe hingegen würden nur sehr gering anfällig für die Stimmungsmanipulation des Vertrauten sein, da sie ihre physiologische Erregung korrekt auf die Injektion zurückführen konnten. Ihre Hypothese konnte größtenteils durch die Ergebnisse unterstützt werden. Als problematisch stellte sich jedoch heraus, dass die nicht Ergebnisse der Kontrollgruppe nicht hypothesenkonform waren. Dies begründen Schachter und Singer damit, dass die Kontrollgruppe schon wegen der Versuchssituation eine physiologische Erregung verspürten und dass die nicht oder falsch informierte Gruppe trotz fehlender Erklärung ihre körperliche Erregung auf die Injektion zurückführen könnte. Durch entsprechende Analysen konnte dies zumindest teilweise bestätigt werden[27].

2.4 Stressmodell von Lazarus

In mehreren Experimenten konnte Lazarus bereits in den 1960er Jahren Einfluss von Kognition auf die Intensität von Emotionen nachweisen. Er entwickelte das **Transaktionale Stressmodell** und veröffentlichte es 1984. Dieses Modell beschreibt Stresssituationen als komplexe Wechselwirkungsprozesse zwischen den Anforderungen der Situation und der handelnden Person. Laut Lazarus können Menschen für einen bestimmten Stressor höchst unterschiedlich anfällig sein: Was für den einen Betroffenen Stress bedeutet, wird von einem anderen noch nicht als Stress empfunden.

2.4.1 Bewältigung von Stress
Bei der Reaktion auf Stress gibt es große individuelle Unterschiede. Es gibt stressresistente Menschen, die auch eine Häufung von stressreichen Ereignissen ohne sonderlichen Schaden durchleben, während andere sogar bei vermeintlich recht geringer Stressbelastung aus dem Gleichgewicht geworfen werden. Lazarus erkannte die Bedeutsamkeit, der Art und Weise, mit

---

[26] Vgl. Müsseler, Rieger (2017), S. 208
[27] Vgl. Müsseler, Rieger (2017), S. 208

Stress umzugehen. Dies hat entscheidende Auswirkungen auf das körperliche, soziale und seelische Wohlbefinden.

2.4.2 Coping

Der Begriff der Bewältigungsstrategie, auch Coping genannt kommt aus dem englischen. To cope with bedeutet „bewältigen, überwinden".

Lazarus erkannte eine Wechselbeziehung zwischen Stress und Coping (Stressbewältigung). Solange Coping wirkt, ist der Stress kontrolliert und kann bewältigt werden. Funktioniert das Coping allerdings nicht, gerät der Stress außer Kontrolle und kann sogar in einer psychischen Störung enden. Es gibt drei Arten des Copings[28]:

- Problemorientiertes Coping

Beschreibt, dass das Individuum versucht, durch Informationssuche, direkte Handlungen oder Problemsituationen zu überwinden oder sich den Gegebenheiten anzupassen.

- Emotionsorientiertes Coping

Es wird in erster Linie versucht, die durch die Situation entstandene emotionale Erregung abzubauen. Dieses emotionsorientierte Coping wird auch „intrapsychisches Coping" genannt.

- Bewertungsorientiertes Coping

Entspricht der Neubewertung der Situation, was gleichzeitig eine Copings Strategie ist.

Wirksamkeit von Coping

Ist die Bewältigungsstrategie erfolgreich, ist der Stress beseitigt. Misserfolg hingegen führt zu anhaltendem Stress mit schädigenden Folgen für den Organismus, Beeinträchtigung der Leistungsfähigkeit und des Selbstwertgefühls. Welche dieser Coping-Strategien jeweils am effektivsten ist, hängt von den Merkmalen der Situation ab. Ist die Situation prinzipiell kontrollierbar, so erweist sich problembezogenes Coping als effektiv. In unkontrollierbaren Situationen sind insbesondere positives Umdeuten und die Kontrolle negativer Emotionen hilfreich[29].

3. Emotionale Intelligenz

Die etymologische Wurzel des Wortes Emotion kommt vom Lateinischen „motio", was Bewegung heißt. Dies weist darauf hin, dass eine emotionale Person „innerlich bewegt" ist. In der

---

[28] Vgl. Rusch (2019), S. 69
[29] Vgl. Reif, Spieß, Stadler (2018), S.105

Psychologie ist Intelligenz ein Sammelbegriff für die kognitive Leistungsfähigkeit des Menschen. Der Intelligenzquotient (IQ) wird generell als Intelligenz des Problemlösens verstanden[30]. Die Bereiche der Intelligenz sind recht breit gefächert, weshalb sich die emotionale Intelligenz getrennt hat.

Der Begriff Emotionale Intelligenz wurde im Jahr 1990 von den amerikanischen Wissenschaftlern John Mayer und Peter Salovey geprägt. Er beschreibt die Fähigkeit, die eigenen und die Gefühle anderer korrekt wahrzunehmen, zu verstehen und zu beeinflussen. Die Emotionale Intelligenz gilt somit als einer der wichtigsten Faktoren für den Erfolg von Kooperationen[31].

3.1 Konzept von Goleman

Der Psychologe Daniel Goleman entwickelte den Begriff weiter und fasste emotionale Intelligenz als eigenständige (Querschnitts-)Kompetenz auf. Er versteht unter emotionaler Intelligenz „die Fähigkeit, unsere eigenen Gefühle und die anderer zu erkennen, uns selbst zu motivieren und gut mit Emotionen in uns selbst und in unseren Beziehungen umzugehen" (Goleman 2011, S. 387)". Dabei unterscheidet er zwischen intrapersonaler und interpersonaler Intelligenz bzw. Kompetenz:

Intrapersonale Intelligenz wird definiert durch die Fähigkeit, das eigene Erleben realistisch und differenziert erforschen und auswerten zu können. Dies bedeutet unter anderem auch in der Lage zu sein, ein zutreffendes Bild von sich selbst entwickeln zu können. Durch diese Funktion können die eigenen Gefühle, Gedanken und Impulse einfacher eingeordnet und reguliert werden.

Folgende Fähigkeiten gehören zur intrapersonalen Intelligenz[32]:

Selbstwahrnehmung - Die eigenen Emotionen kennen: Diese Fähigkeit ist entscheidend, um sowohl das eigene Verhalten als auch die eigene Motivation verstehen zu können. Da viele Menschen allerdings Angst haben, machtlos gegen ihre eigenen Emotionen zu sein, versuchen sie oft diese zu bekämpfen oder zu vermeiden statt sich ihrer bewusst zu werden. Selbstvertrauen und eine zutreffende Selbsteinschätzung können, mithilfe von zunehmender Selbstwahrnehmung, entwickelt werden.

Selbstregulation – Emotionen beeinflussen: Mit diesem Begriff werden die Fähigkeiten beschrieben, Gefühle so zu leben, wie es der Situation angemessen ist, sich selbst beruhigen,

---

[30] Vgl. Bosley, Kasten (2018), S. 139
[31] Vgl. Pastoors, Ebert (2019), S. 8
[32] Vgl. Pastoors, Ebert (2019), S. 9

negative Gefühle wie z.B. Angst zu verarbeiten und positive Gefühle zu verstärken. Diese Funktionen helfen bei der Überwindung von belastenden Situationen. Die Wahrnehmung wir geschärft und die Menschen können sich besser auf veränderte Situationen einstellen und unerwartete Chancen ergreifen.

Emotionen in die Tat umsetzen: Damit sich Menschen selbst motivieren können, müssen sie ihre Emotionen so beeinflussen können, dass sie ihnen dabei helfen, ihre Ziele zu erreichen. Um dies zu erreichen, muss eine Person fähig sein, kurzfristigen emotionalen Vorteilen zu widerstehen und impulsiven Reaktionen zu unterdrücken. Dieses Handeln ist die Grundlage für langfristigen Erfolg und fördert die Kreativität.

Interpersonale Intelligenz beschreibt die Fähigkeit, bedeutsame Unterschiede und Wechselwirkungen zwischen Menschen erkennen und verstehen zu können. Diese werden dann sowohl bei der Kommunikation als auch bei der Kooperation genutzt. Durch diese Fähigkeit können Menschen sich auf andere Menschen einstellen, sich in sie einfühlen und auch besser mit ihnen zusammenarbeiten. Dies führt wiederum dazu, dass Interaktionen und langfristige Beziehungen so differenzierter und konfliktfreier gestaltet werden können.

Interpersonale Intelligenz zeichnet sich dagegen durch folgende Fähigkeiten aus[33]:

Empathie: ist die Grundlage zwischenmenschlicher Beziehungen und beschreit die Fähigkeit versteckte Signale im Verhalten anderer wahrzunehmen und zu erkennen, was andere fühlen. Mangelt es an Empathie führt dies zu schwerwiegenden Störungen des Miteinanders. Somit stellt sich heraus, dass Empathie deshalb eine wichtige Voraussetzung für den Erfolg von Zusammenarbeit ist. Denn sie ermöglicht es einer Person, das Denken, Fühlen und Wollen anderer Menschen nachzuvollziehen. Zu erwähnen ist, dass jeder Mensch über Empathie verfügt, die Ausprägung jedoch stark von der Sozialisation und der Fähigkeit zur Deutung der aktuellen Situation abhängt.

Umgang mit Beziehungen: Für die erfolgreiche Pflege von Beziehungen ist der aufmerksame Umgang mit den Gefühlen anderer Menschen, was zum einen eine sensible und selbsterklärende Wortwahl sowie die Fähigkeit zum aktiven Zuhören beinhaltet. Diese Fähigkeiten werden in fast allen Lebensbereichen, für eine reibungslose Zusammenarbeit, benötigt. Teamarbeit und Kooperation können durch die Fähigkeit der aktiven Gestaltung der Beziehung gefördert. Darauf möchte ich unter dem Punkt 3.1 tiefer eingehen.

---

[33] Vgl. Pastoors, Ebert (2019), S. 10

3.2 Konzept von Salovey und Mayer

Laut Salovey und Mayer umfasst emotionale Intelligenz drei konzeptuell verwandte mentale Prozesse: das Erkennen und der Ausdruck von Emotionen, die Regulation und die adaptive Nutzung[34].

Salovey und Mayer haben folgende vier Bereiche der emotionalen Intelligenz definiert[35]:

Wahrnehmung und Ausdruck von Emotionen: Beschreibt die Fähigkeit, unsere eigenen Emotionen aber auch die der anderen zu identifizieren sowie Emotionen und Bedürfnisse im Zusammenhang auszudrücken. Hierzu gehört auch, die Emotionen in nonverbaler Kommunikation erkennen zu können wie z.b. die Mimik, Gestik und Köperhaltung.

Denken mit Emotionen: Wenn Emotionen die Aufmerksamkeit auf wichtige Informationen richten, kommt dieser Bereich zur Geltung. Unterschiedliche Ansätze zur Problemlösung werden so durch verschiedene emotionale Zustände gefördert.

Verstehen und Analysieren von Emotionen: Dieser Bereich beschreibt die Fähigkeit Emotionen zu benennen und zu deuten. Dazu gehört auch die Fähigkeit, komplexe Gefühle wie gleichzeitige Liebe und Hass zu verstehen.

Verwaltung und Regulierung von Emotionen: ist die Fähigkeit offen für angenehme aber auch unangenehme Gefühle zu bleiben, die Angemessenheit dieser zu erkennen und sie durch Moderation von negativen Emotionen und die Verbesserung von positiven Emotionen zu regulieren.

3.3 Teambildung

„Ziel ist es, die Eigenschaften eines Teams auf die Anforderungen auszurichten, die sich aus der Aufgabe und dem Umfeld ergeben. Je mehr dies gelingt, desto effektiver ist ein Team, desto besser ist seine Eignung (vgl. Becker 2016)"

Der Begriff „Team" stammt aus dem Englischen und beschreibt eine Gruppe von Personen, die gemeinsam auf ein Ziel hinarbeiten, wie z. B. eine Mannschaft. Der Intelligenzquotient (IQ), wurde lange Zeit als Maßstab für die Intelligenz eines Menschen gehandelt. Dass es aber

---

[34] Vgl. Bosley, Kasten (2018), S. 156

[35] Vgl. Bosley, Kasten (2018), S. 157-158

unterschiedliche Arten der Intelligenz gibt habe ich oben schon dargestellt. Dies macht auch einen großen Unterschied in Unternehmen, denn in Zeiten des zunehmenden Leistungsdrucks, der Internationalisierung und wachsenden Komplexität am Arbeitsplatz, lernen nun immer mehr Arbeitgeber die Angestellten mit emotionaler Intelligenz zu schätzen. Ist EQ heutzutage wichtiger als IQ? Was nutzt der klügste Mitarbeiter, wenn er mit den anderen Teammitgliedern nicht klarkommt? Der sogenannte EQ steht derzeit hoch im Kurs und löst den IQ womöglich langsam in seiner Bedeutung ab. Der EQ hat naturgemäß vor allem positive Auswirkungen auf die Teamarbeit und tatsächlich belegen neueste Studien, dass Mitarbeiter mit einem hohen EQ schneller und höher im Unternehmen aufsteigen als die angeblich hochintelligenten.

Zu den Grundlagen eines Teams zählt unter anderem Kooperation. Die Hauptfunktion von Teamarbeit bestehe darin, gemeinsam Aufgaben in einem organisationalen

Kontext zu bearbeiten, laut der Psychologen Friedemann Nerdinger, Gerhard Blickle und Niclas Schaper. Damit diese Aufgaben bewältigen werden können, müssen die Teammitglieder miteinander kooperieren. Hierzu wird die Arbeit untereinander aufgeteilt, es wird sich organisiert und gemeinsam Entscheidungen werden getroffen[36].

Als teamfähig gelten Menschen, die dazu bereit und fähig sind, mit anderen zusammenzuarbeiten, Ideen und Gedanken auszutauschen, gemeinsame Lösungen zu erarbeiten und sich gegenseitig zu fördern[37]. Dies gelingt Menschen mit einem hohen EQ (Emotionale Intelligenzquotienten) besonders gut, da diese die Fähigkeit besitzen sich in andere Menschen hineinzuversetzen, ihre Emotionen zu verstehen, ihre eigenen Gefühle zu verstehen und zu regulieren und aktiv zuzuhören. Eine weitere Voraussetzung, um erfolgreich im Team zusammenarbeiten zu können, ist zudem Integrationsfähigkeit. Dieser Begriff beschreibt die Fähigkeit, unterschiedliche soziale Bestrebungen, Interessen und Aktionen zu gemeinsamem Handeln zusammenzufügen und für sich zu nutzen zu können. Mit Integration ist somit nicht das Ziel, sondern der Prozess gemeint[38].

Dies gelingt mit einem hohen EQ ebenfalls vereinfacht. Da diese Person erkennt, wie unterschiedlich alle sind und dass alle anderen auch Emotionen und Gefühle haben, die berücksichtig werden müssen.

---

[36] Vgl. Nerdinger, Blicke, Schaper (2014), S. 397
[37] Vgl. Pastoors, Ebert (2019), , S. 11
[38] Vgl. Pastoors, Ebert (2019), S. 11-12

Emotionale Intelligenz kann zwar nicht als Gegensatz zum klassischen IQ betrachtet werden, vielmehr erweitert der EQ die alte Vorstellung von Intelligenz, in der lediglich kognitive Fähigkeiten als Voraussetzung für den Erfolg im Leben betrachtet wurden[39].

3.4 Kritik des Konzepts der emotionalen Intelligenz

Auch wenn das Konzept der emotionalen Intelligenz nach Goleman oft zitiert und gelobt wird, gibt es allerdings auch Kritik daran. So stellt Goleman beispielsweise zwei Komponenten in den Mittelpunkt: Emotionsregulation und Empathie[40]. Er hebt Bei der Emotionsregulation vor allem Selbstbeherrschung, Selbstdisziplin und Stimmungsaufhellung hervor. Diese drei Bereiche der emotionalen Intelligenz werden mit Fertigkeiten zur konstruktiven Lösung sozialer Konflikte ergänzt. So entsteht dann der selbstbeherrschte Mensch, der andere anerkennt und zugeneigt ist und sich um ein friedliches und konstruktives Miteinander bemüht. Es ist es aber problematisch, emotionale und soziale Intelligenz komplett voneinander zu trennen. Denn unser Gehirn arbeitet ohnehin sehr ganzheitlich und auch die soziale

Intelligenz ist alles andere als frei von kognitiven Leistungen. Ein rational denkender und im klassischen Sinn kluger Mensch wird meist seine Emotionen besser im Griff haben und sich im sozialen Alltagsleben besser verhalten als jemand, der als nicht so intelligent bezeichnet wird. Daher sind alle Konzepte ineinander verwoben und voneinander abhängig[41].

Ein weiterer Kritikpunkt, den der amerikanische Psychologe Locke vertrat die Meinung, dass die Bezeichnung von verschiedensten Gewohnheiten und Fähigkeiten als „intelligent" bedenklich ist. Er vertritt, dass es keinen verlässlichen Test gebe, womit man die verschiedenen Spielarten von Klugheit verlässlich prüfen kann. Salovey und John Mayer haben zwar einen Test zur Messung der emotionalen Intelligenz entwickelt, welcher im seit 2010 verwendet wird, allerdings ist sehr fraglich, wie gut jemand in der Lage ist, Emotionen in Fotos von Gesichtern zu erkennen. Denn der Ausdruck von Gefühlen zeichnet sich auf unterschiedlichen Ebenen ab und anders als bei klassischen Intelligenztestaufgaben zur Bestimmung des IQ gibt es beim Erkennen von Emotionen und dem Umgang mit ihnen (EQ) oft keine eindeutig richtigen und falschen Antworten[42].

---

[39] Vgl. Bosley, Kasten (2018), S. 46
[40] Vgl. Bosley, Kasten (2018), S. 160
[41] Vgl. Bosley, Kasten (2018), S. 153
[42] Vgl. Bosley, Kasten (2018), S. 154

Andere Kritiker behaupten, dass es keine empirischen Belege für „emotionalen Intelligenz" gibt, der Begriff brachte nichts Neues gegenüber dem seit Mitte der 1950er-Jahre bereits bekannten Begriff der „sozialen Intelligenz".

Trotz all dieser Kritik hat sich das Konzept der Emotionalen Intelligenz durchgesetzt und viele Unternehmen wählen Bewerber und Führungskräfte aufgrund von Eigenschaften wie Einfühlungsvermögen aus. Zahlreiche Studien beweisen, dass emotionale Intelligenz für den beruflichen Erfolg entscheidend ist.

Literaturnachweis

BECKER-CARUS, Christian/ WENDT, Mike (2017): Allgemeine Psychologie; Eine Einführung, Berlin/Heidelberg: Springer Verlag

BECKER, Florian (2016): Teamarbeit, Teampsychologie, Teamentwicklung; So führen Sie Teams, Berlin Heidelberg: Springer-Verlag

BEISE, Uwe/HEIMES, Silke/SCHWARZ, Werner (2009): Gesundheits- und Krankheitslehre; Das Lehrbuch für die Pflegeausbildung, Berlin/Heidelberg: Springer Verlag

BOSLEY, Irina/KASTEN, Erich (2018): Emotionale Intelligenz, Berlin/Heidelberg: Springer Verlag

CASPAR, Franz/ PJANIC, Irena/ WESTERMANN, Stefan (2018): Klinische Psychologie, Wiesbaden: Springer Fachmedien Verlag

KÜHMEL, Kirstin (2007): Präferenzen schizophrener Patienten für ihre haus- und fachärztliche Betreuung, Göttingen: im Zentrum Innere Medizin der Medizinischen Fakultät der Universität Göttingen

MÜSSELER, Jochen/RIEGER, Martina (Hrsg.) (2017): Allgemeine Psychologie, Berlin/Heidelberg: Springer Verlag

NERDINGER, Friedemann W./BLICKLE, Gerhard/ SCHAPER, Niclas (2014): Arbeits- und Organisationspsychologie, Berlin/Heidelberg: Springer Verlag

PASTOORS, Sven/EBERT, Helmut (2019): Psychologische Grundlagen zwischenmenschlicher Kooperation; Bedeutung von Vertrauen für langfristig erfolgreiche Zusammenarbeit, Berlin/Heidelberg: Springer Verlag

PRÖLß, Andrea/SCHNELL, Thomas/ KOCH, Leona Julie (Hrsg.) (2019): Psychische Störungsbilder, Berlin/Heidelberg: Springer Verlag

REIF, Julia A.M./SPIEß, Erika/ STADLER, Peter (2018): Effektiver Umgang mit Stress, Berlin/Heidelberg: Springer Verlag

RIECHERT, Ina/HABIB, Edeltrud (2017): Betriebliches Eingliederungsmanagement bei Mitarbeitern mit psychischen Störungen, Berlin/Heidelberg: Springer Verlag

RUSCH, Stephan (2019): Stressmanagement; Ein Arbeitsbuch für die Aus-, Fort- und Weiterbildung, Berlin/Heidelberg: Springer Verlag

TÖLLE, Rainer /WINDGASSEN, Klaus (2009): Psychiatrie einschließlich Psychotherapie, Berlin/Heidelberg: Springer Verlag

WATZL, Hans/COHEN, Jacob (1998): in Lehrbuch Klinische Psychologie, Psychotherapie

Internetquellen

https://www.bagwfbm.de/page/41

(Stand: 27.01.2020)

https://www.sueddeutsche.de/karriere/arbeiten-mit-handicap-verhindern-werkstaetten-fuer-behinderte-die-inklusion-1.3656556-2

(Stand: 27.01.2020)

Abbildungsverzeichnis

1 – aus dem Buch: Allgemeine Psychologie von Becker-Carus, Wendt (2017), S.547